LILLA NATURSERIEN

BLOMMOR

TEXT TORE FONSTAD OCH ULF SVEDBERG

prisma

Prisma
Besöksadress: Tryckerigatan 4
Box 2052
103 12 Stockholm

www.prismabok.se

Prisma ingår i Norstedts Förlagsgrupp AB,
grundad 1823

© Gyldendalske Boghandel, Nordisk Forlag A/S 2005
och Prisma, Stockholm 2006
Originalets titel: Blomster
Översättning och fackgranskning: Ulf Svedberg
Formgivning: Axel Kielland och Narayana Press
Foton: s. 11 Jon Feilberg, s. 20 Ove Bergersen/NN/Samfoto, alla övriga Axel Kielland
Teckningar: Jens Overgaard Christensen
Producerad av Gyldendalske Boghandel, Nordisk Forlag A/S 2006
Tryckt hos Narayana Press, Danmark 2006
ISBN 13: 978-91-518-4650-7
ISBN 10: 91-518-4650-0

FÖRORD

Det finns en mängd olika växter i Sverige, och på en vanlig promenad i skog och mark ser man bara ett litet fåtal av dem. För ett ovant öga är många ganska lika och svåra att skilja från varandra.

I den här lilla boken har vi bara tagit med de allra vanligaste blommorna, som är någorlunda lätta att känna igen. Vi skildrar kort varje växts kännetecken och anger vilka andra den kan förväxlas med; vi berättar var den växer – i vilken sorts natur och var i Sverige den finns. Många växter har använts som medicin eller i hushållet, vilket vi också tar upp.

Vi hoppas att *Blommor* ska vara till nytta och glädje för både vuxna och barn under utflykter i naturen och ge en första inblick i en spännande och färgrik värld!

Tore Fonstad   *Ulf Svedberg*

Innehåll

Backtrav 31

Blodrot 23

Blåbär 38

Blåklocka 54

Blåsuga 46

Brännässla 7

Daggkåpa 24

Förgätmigej, äkta 44

Groblad 50

Gråbo 60

Gul fetknopp 18

Gullris 55

Gulsporre 32

Gårdsskräppa 11

Hampdån 47

Harsyra 29

Hjortron 20

Humleblomster 21

Hundkäx, Hundloka 35

Hästhov, Tussilago 61

Höstfibbla 64

Jungfru Marie nycklar 6

Kattfot 56

Klotpyrola 36

Kråkbär 39

Kråkvicker 26

Käringtand 27

Lappljung 41

Lingon 37
Linnea 51
Ljung 40
Läkevänderot 52
Maskros 62
Midsommarblomster 28
Mjölkört, Mjölke 34
Ormrot 9
Prästkrage 58
Renfana 59
Rödblära 14
Rödklöver 25
Röllika 57
Skogsnäva 28
Skogsstjärna 13
Smultron 22

Smörblomma, vanlig 16
Smörboll 15
Sommargyllen 30
Strandtrift 43
Styvmorsviol 33
Svinmålla 12
Tätört 49
Vattenklöver 42
Vitsippa 17
Vägtistel 63
Åkerpilört 10
Åkervädd 53
Älggräs 19
Ängssyra 8
Ärenpris 48
Ögontröst 45

Jungfru Marie nycklar

KÄNNETECKEN: Upp till 40 cm hög. Många lansettlika blad med silvergrå undersida, grön översida med mörka fläckar. Ljusvioletta blommor med något mörkare lila teckningar. Blommar juni–juli.

LIKNAR: Orkidén *brudsporre*, som har smala och spetsiga blad, talrika blommor i olika röda toner utan mörka fläckar och som luktar starkt av vanilj.

VÄXTPLATSER: Myrar och fuktig barrskog, vanlig i hela landet. Liksom alla orkidéer fredad (fridlyst).

ANVÄNDNING: Jungfru Marie nycklar lades under huvudkudden för att öka potensen eller stimulera till älskog. Växtslemmet ansågs kunna bota tarmkatarr, förgiftningar och spädbarnsdiarré.

BRÄNNÄSSLA

KÄNNETECKEN: Upp till 130 cm hög, ovala och sågtandade blad med brännhår, vilket också stjälken har. Oansenliga blommor. Blommar juli–augusti.
LIKNAR: *Humle*, en klättrande växt med treflikiga blad. Även lik *etternässla*, som är mindre.
VÄXTPLATSER: Fet och näringsrik jord, vanlig i hela landet.
ANVÄNDNING: Förr användes fibrerna i stjälken för att väva s.k. nätteduk (betyder egentligen tyg av nässelfibrer). Tidigt på våren kan man plocka de späda skotten och göra en god och oerhört nyttig soppa av dem.

ÄNGSSYRA

KÄNNETECKEN: Upp till 90 cm hög, avlånga blad med två snedställda spetsar vid bladvecken, röda blommor i toppen av stjälken. Blommar maj–juli.
LIKNAR: *Bergsyra*, en rödaktig växt där spetsarna på bladen alltid står rätt ut. Den blir bara hälften så hög som ängssyra.
VÄXTPLATSER: Vanlig på torra marker över hela landet.

ANVÄNDNING: Både blad och stjälkar är ätliga och bladen läckra blandade med andra bladgrönsaker i soppor, såser och sallader. Växten innehåller flera fruktsyror och även oxalsyra, vilket gör att man inte bör äta för mycket av den.

Ormrot

KÄNNETECKEN: Upp till 30 cm hög, upprätt växande med avlånga blad och vita eller blekt röda blommor i ett ax. Under blommorna sitter röda groddknoppar. Blommar juni–juli.
LIKNAR: Kan inte förväxlas med någon annan växt.
VÄXTPLATSER: Vanlig på fuktig mark över större delen av landet, men sällsynt i de sydligaste landskapen.
ANVÄNDNING: Groddknopparna åts förr med mjölk. Knopparna smakar gott och kan kallas "fjällets jordnötter". De är också mycket omtyckta av ripkycklingar. Även rötterna och bladen kan ätas.

ÅKERPILÖRT

KÄNNETECKEN: Upp till 80 cm hög, bildar små mattor. Gröna, avlånga blad med mörka fläckar på mitten, små, rosa (sällan vita) blommor i ax. En tunn hinna kring stjälken vid bladfästet. Blommar juli–oktober.
LIKNAR: *Vanlig pilört*, men denna art saknar mörka fläckar på bladen.
VÄXTPLATSER: Ogräs i åkrar och andra öppna marker, gärna nära vatten i södra och mellersta Sverige.
ANVÄNDNING: Fröna, som är ganska stora, användes förr till mat i dåliga tider. Av en släkting, bovetet, görs bovetemjöl.

GÅRDSSKRÄPPA

KÄNNETECKEN: Upp till 120 cm hög, kraftig växt med tunglika blad med vågig kant, gröna blommor i tätt ax. Växer gärna i täta tuvor. Blommar juli–september.
LIKNAR: Den lägre *ängssyran*, se s. 8.
VÄXTPLATSER: Vanligt ogräs i och vid odlad mark över hela landet.
ANVÄNDNING: Förr som salladsväxt och som medicin, som sades hjälpa mot mjölkstockning, brännsår och blod i urinen. Bladen användes för att färga tyg och gav en gul färg.

SVINMÅLLA

KÄNNETECKEN: Upp till 80 cm hög, upprätt planta med grön eller rödaktig stjälk, avlånga blad som kan ha en lite mjölig baksida. Blommorna är mycket små, gröngula och sitter i täta, talrika ax i toppen av växten. Blommar juli–september.
LIKNAR: *Gråbo* (se s. 60), som dock blir större och grövre.
VÄXTPLATSER: Vanligt ogräs i åkrar och längs vägkanter över nästan hela landet.

ANVÄNDNING: Bladen på alla mållor är goda att äta, i sallad, kokta eller i pajer. Spenat är en nära släkting till mållorna, liksom också strandbetan. Denna har gett upphov till odlade växter som rödbeta, sockerbeta och mangold. Av svinmållafröna kokades förr gröt.

Skogsstjärna

KÄNNETECKEN: Upp till 20 cm hög. De avlånga bladen som smalnar av in mot stjälken sitter som en krans upptill på stjälken. Vita blommor, oftast med sju kronblad. Blommar juni–juli. Kallas också duvkulla och är Värmlands landskapsblomma. Hör till samma växtfamilj som gullvivan.
LIKNAR: *Vitsippa*, se s. 17.
VÄXTPLATSER: Vanlig i skogar, fuktiga marker över hela landet.
ANVÄNDNING: Bladen lades på sår för att de skulle läka fortare.

RÖDBLÄRA

KÄNNETECKEN: Upp till 40 cm hög; röda blommor med ett rödbrunt, uppblåst foder som liknar en påse. Han- och honblommor sitter på olika plantor. Hela växten är täckt med små hår, bladen är lansettlika. Blommar maj–augusti.
LIKNAR: *Vitblära*, som är spädare och har slät stjälk och blad samt vita blommor.
VÄXTPLATSER: Ganska vanlig på ängar, i ljusa skogar och i fjälltrakter. I större delen av landet, men sällsynt på Öland och Gotland.
ANVÄNDNING: Blomningen, som börjar runt midsommartid, gav förr signal till att det var dags att börja med höslåttern. Vacker i ängsblommebuketter.

Smörboll

KÄNNETECKEN: Upp till 70 cm hög, den runda gula blomman liknar ett litet kålhuvud. Bladen är kraftigt flikade. Blommar maj–juni.
LIKNAR: *Kabbleka*, som har starkt gula, öppna blommor och växer på fuktigare marker, har saftfylld stjälk och stora och mörkgröna blad.
VÄXTPLATSER: Ganska vanlig på ängar, fuktiga skogar och längs bäckar över större delen av landet, dock ej Gotland. Giftig, liksom alla smörblomsläktingar!
ANVÄNDNING: Innehåller ett gift som gör att djur inte äter den. I äldre tider kunde höslåttern börja när blomman vissnade.

Vanlig smörblomma

KÄNNETECKEN: Upp till 50 cm hög, förgrenad stjälk och kraftigt flikade blad. I grenspetsarna sitter de gula blommorna. Blommar maj–juni.
LIKNAR: Det finns flera arter av smörblomma som den kan förväxlas med.
VÄXTPLATSER: Vanlig på ängar, längs vägkanter och i skogar i hela landet.

ANVÄNDNING: Många smörblommor på en åker tyder på vanskött jord! Långvarig kontakt med växten kan ge utslag. Hela örten är giftig och betas inte av djur. Mycket av giftet försvinner dock vid torkning.

Vitsippa

KÄNNETECKEN: Upp till 20 cm hög, tre kraftigt flikade blad och en vit blomma, ofta med violett undersida. Växer i stora bestånd tidigt på våren. Blommar april–maj.
LIKNAR: *Skogsstjärna*, se s. 13.
VÄXTPLATSER: Vanlig i skogar och lundar, skogsbryn och dikeskanter från Skåne till Hälsingland och sällsyntare längre norrut.
ANVÄNDNING: Giftig. Användes förr mot reumatism, frostskador, bölder och huggormsbett, men giftet kan ge upphov till bölder och vätskande, svårläkta sår.

Gul fetknopp

KÄNNETECKEN: Upp till 12 cm, växer i täta, låga tuvor. Små, tjocka, saftiga blad och små stjärnliknande, gula blommor. Blommar juni–juli.
LIKNAR: De låga, täta och gula tuvorna är lätta att känna igen.
VÄXTPLATSER: Vanlig på hällmarker och andra torra ställen från Skåne–Dalarna; mindre vanlig längre norrut.
ANVÄNDNING: De saftiga bladen ger en viss lindring mot svidande sår, vårtor och finnar. Fetknoppen har också använts som urindrivande medel och mot gulsot.

ÄLGGRÄS

KÄNNETECKEN: Upp till 150 cm hög, med små, gulvita blommor i täta samlingar i toppen. Bladet är uppdelat i flera småblad med ett stort i spetsen. Lukten är stark och söt. Blommar juni–augusti.
LIKNAR: *Brudbröd*, som dock växer på torra platser.
VÄXTPLATSER: Vanlig på fuktiga ängar, sjö- och åstränder samt diken över hela landet.
ANVÄNDNING: Tidigare till smaksättning av öl, mot förkylning, feber och reumatism. Innehåller ett smärtstillande ämne.

Hjortron

KÄNNETECKEN: Upp till 25 cm, vita blommor och röda bär, som senare blir gula. Han- och honblommor på skilda plantor. Blommar i juni, bären mognar i juli–augusti.
LIKNAR: Kan inte förväxlas med någon annan växt.
VÄXTPLATSER: Vanlig på myrar och mossar från Småland och norrut.
ANVÄNDNING: Sylten, myltan, är rik på C-vitamin och var tidigare en viktig vitaminkälla. Hjortronen innehåller dessutom benzoesyra, ett naturligt konserveringsmedel.

Humleblomster

KÄNNETECKEN: Upp till 50 cm hög. Bladen är parbladiga med stort uddblad. Klockformiga, hängande blommor. Både stjälk och blommor är brunröda. Blommar maj–juli.
LIKNAR: Lätt att skilja från andra växter.
VÄXTPLATSER: Vanlig på fuktiga marker över hela landet.
ANVÄNDNING: Förekommer inte inom folkmedicinen. Ingår ofta i sommarbuketter man plockar.

Smultron

KÄNNETECKEN: Upp till 20 cm, med utlöpare som slår rot. Tredelade blad på lång stjälk, vita blommor och röda, välsmakande bär. Blommar maj–juli, smultronen mognar under hela sommaren.

LIKNAR: *Backsmultron*, som saknar utlöpare.

VÄXTPLATSER: Vanlig i hela landet på hyggen och i gräsmarker.

ANVÄNDNING: Läckra bär, som förr användes mot frostknölar och för att öka blodmängden. Utdrag av torkade blad har använts som vattendrivande medel och vid tillverkning av kosmetika.

BLODROT

KÄNNETECKEN: Upp till 40 cm hög; djupt flikade och grovtandade småblad. Små, gula blommor med fyra kronblad, kraftig rot som i genomskärning är blodröd. Blommar juni–augusti.
LIKNAR: Många andra *fingerörter* och *gåsört*, som alla dock har fem kronblad.
VÄXTPLATSER: Vanlig över hela landet på både fuktiga och torra marker.
ANVÄNDNING: Avkok av roten användes mot diarré, kolik och blodsjukdomar. Vid färgning av garn och tyger får man en vacker röd färg.

DAGGKÅPA

KÄNNETECKEN: Upp till 25 cm hög, stora flikiga blad. Små, gulgröna blommor i mindre klasar i toppen av stjälken. Blommar maj–juni. Har ofta en vattendroppe i bladet.

LIKNAR: *Fjällkåpa*, som har 5–7 småblad, gröna på översidan och ljusa på undersidan, och som växer i täta tuvor.

VÄXTPLATSER: Vanlig över hela landet på ängar och i skogar.

ANVÄNDNING: Har använts mot inre blödningar och mot diarré, omslag på sår och till färgning av garn (gulgrön färg).

Rödklöver

KÄNNETECKEN: Upp till 50 cm hög, ofta upprätt stjälk, äggrunda småblad med ljust mönster på översidan, runda, röda blommor. Blommar maj–september.
LIKNAR: *Skogsklöver*, som har smalare blad utan mönster. *Vitklöver* har mindre och vita blommor och små, tredelade blad med vita teckningar.
VÄXTPLATSER: Vanlig på åker och äng, på betesmarker och längs vägkanter över hela landet.
ANVÄNDNING: Troligen införd som foderväxt. Förr en medicinalväxt, som användes mot hosta. Klöverbladet är Irlands symbol.

KRÅKVICKER

KÄNNETECKEN: Upp till 100 cm lång, klängande stjälk, blad med 7–11 par småblad och klängen, blå eller blåvioletta blommor i klasar. Blommar juni–augusti.
LIKNAR: *Häckvicker*, men den har 4–8 småblad och gråvioletta blommor.
VÄXTPLATSER: Vanlig längs vägkanter och havsstränder, i skogar och snår över hela landet.

KÄRINGTAND

KÄNNETECKEN: Upp till 40 cm hög, något upprätta stjälkar, tredelade blad, 2–5 gula blommor, med lite orange skimmer.

Blommar juni–juli.
LIKNAR: *Gulvial,* som har lång, klängande stjälk.
VÄXTPLATSER: Vanlig längs vägkanter, i torra marker och odlingsmarker från Skåne till Jämtland, sällsynt längre norrut.
ANVÄNDNING: Känd från folkmedicinen som magmedicin för människor och mot juverinflammation hos kor.

Midsommarblomster, skogsnäva

KÄNNETECKEN: Upp till 60 cm hög, upprätt stjälk; bladet uppdelat i sju flikar. Blomman har fem blåvioletta, sällan vita kronblad. Blommar juni–juli.

LIKNAR: *Blodnäva, ängsnäva* och den illaluktande *stinknävan*, som blir upp till 40 cm, upprätt, rödaktig stjälk, mindre blad, röda blommor.

VÄXTPLATSER: Vanlig i glesa skogar, på ängar och vid vattendrag över hela landet, även i fjälltrakter.

ANVÄNDNING: När man färgar garn och tyger med skogsnäva blir de svarta. Klassisk blomma i midsommarbuketter.

Harsyra

KÄNNETECKEN: Upp till 10 cm, tredelat blad med hjärtlika småblad med rödaktig undersida, vita blommor med violetta ådror på långa skaft. Blommar april–juni.
LIKNAR: Inga andra växter.
VÄXTPLATSER: Vanlig i skuggiga och fuktiga skogar över hela landet.

ANVÄNDNING: Blad och blommor kan användas som smaksättare i sallader och soppor. Bör undvikas av dem som har njurproblem eftersom de innehåller oxalsyra.

Sommargyllen

KÄNNETECKEN: Upp till 80 cm, kraftig, upprätt stjälk, blad uppdelade i 2–5 små sidoblad och en större ändskiva, små gula blommor på egna skaft från bladfästet upptill på stjälken. Blommar maj–juli.

LIKNAR: *Ryssgubbe*, som också har små gula blommor, men vars blad är lansettlika och flikiga och sitter direkt på stjälken, och *åkersenap*, som har sträva, grovt tandade blad.

VÄXTPLATSER: Vanlig på ängar, gräsmarker, längs vägar och vid vattendrag över större delen av landet.

ANVÄNDNING: Unga skott är läckra kokta.

Backtrav

KÄNNETECKEN: Upp till 30 cm hög, blågrön växt med bladrosett vid marken, spridda, smala blad utefter stjälken, små vita blommor, som blommar april–juni.
LIKNAR: *Lomme*, men denna växt har djupt flikiga blad nedtill och små vita blommor. *Backskärvfrö*, som har hjärtlika frökapslar, inte rörformiga som backtrav.
VÄXTPLATSER: Ganska vanlig på vägkanter och slänter över större delen av landet.

Gulsporre

KÄNNETECKEN: Upp till 50 cm hög, upprätt stjälk med blågröna, smala blad, många gula blommor i toppen. Blommar juli–september.
LIKNAR: Lätt att skilja från andra växter. 
VÄXTPLATSER: Vanlig längs vägkanter, åkerrenar, stränder och grustag över större delen av landet.
ANVÄNDNING: Även odlad i trädgårdar. Av bladen utvann man förr fluggift. Har även använts mot hemorrojder.

Styvmorsviol

KÄNNETECKEN: Upp till 25 cm, oftast upprätt stjälk med avlånga, tandade blad. Blomman har violetta, blåa och gula kronblad. Blommar april–oktober. Ångermanlands landskapsblomma.
LIKNAR: *Åkerviol*, som dock har mindre och blekare blommor.
VÄXTPLATSER: Vanlig på åkrar, betesmarker, vägkanter och vid bebyggelse över större delen av landet.
ANVÄNDNING: Styvmorsviol har använts mot olika hudsjukdomar.

Mjölkört, mjölke

KÄNNETECKEN: Upp till 150 cm hög, talrika röda (sällan vita) blommor, många avlånga blad längs hela stjälken. Blommar juli–augusti.

LIKNAR: Lätt att skilja från andra växter.

VÄXTPLATSER: Vanlig på hyggen, i gläntor, längs vägar över hela landet.

ANVÄNDNING: Hela växten har använts som mat till både djur och människor. Unga skott och blad kan kokas och ätas som sparris. Av bladen görs te.

Hundkäx, hundloka

KÄNNETECKEN: Upp till 150 cm, kantig, ihålig och hårig stjälk med mycket flikiga blad, många små, vita blommor samlade i breda flockar. Blommar maj–juli.
LIKNAR: *Kummin*, som har ännu mer flikiga (trådformiga) blad och små vita eller rödaktiga blommor.
VÄXTPLATSER: Vanlig längs vägkanter, ängar, bebyggelse och skogsbryn över hela landet.

ANVÄNDNING: Färgning av garn; ger gula och gröna färgtoner.

Klotpyrola

KÄNNETECKEN: Upp till 20 cm hög, nästan stängda, vita till blekrosa blommor, rosett av ovala, vintergröna blad vid marken. Blommar juni–juli.
LIKNAR: *Björkpyrola* med gulgröna, sågtandade blad och grönvita blommor som vänder sig åt samma håll och *vitpyrola* med rosett av rundade, vitgröna blad och vitaktiga, helt öppna blommor.
VÄXTPLATSER: Vanlig i skogar, snår och hedar över hela landet.

LINGON

KÄNNETECKEN: Upp till 25 cm, blanka, gröna blad med nedvikt kant och tydliga sidonerver, prickar på undersidan, vita, klockformade blommor. Blommar maj–juni. De röda, glänsande bären mognar augusti–september.
LIKNAR: *Mjölon*, som får upp till meterlånga, krypande grenar med nätmönstrade blad, vita eller ljusröda blommor och röda, torra bär utan smak. 
VÄXTPLATSER: Vanlig i skogar, gärna på hyggen, hedar och klippor över hela landet.
ANVÄNDNING: Till sylt och saft. Innehåller mycket bensoesyra (=tillsats E210), som verkar konserverande.

BLÅBÄR

KÄNNETECKEN: Upp till 45 cm, kantig stjälk, tunna ovala blad med fint sågtandad kant, små, röda och kulformiga blommor (som smakar blåbär!), mörkblåa bär med ett matt, blått överdrag av vax. Några saknar vax. Blommar maj–juni. Bären mognar juli–augusti.

LIKNAR: *Odon* vars blad har hel kant och grå undersida, rund och mer vedaktig stjälk, blåa bär som inte smakar så mycket.

VÄXTPLATSER: Vanlig i lite fuktig barrskog och hedar över hela landet, även på skyddade fjällsluttningar.

ANVÄNDNING: Sylt och saft. Torkade bär kan användas mot diarré.

Kråkbär

KÄNNETECKEN: Upp till 20 cm, vintergrön dvärgbuske med små, barrliknande blad, små röda blommor, svarta, lite beska bär. Blommar april–juni. Bären mognar juli–augusti.
LIKNAR: *Lappljung*, se s. 41.
VÄXTPLATSER: Vanlig på hedar, i skogar, myrar, stränder, fjällmark över hela landet.
ANVÄNDNING: Bären är ätliga och passar bra för vinframställning. I folkmedicinen har bären använts som urindrivande medel.

LJUNG

KÄNNETECKEN: Upp till 75 cm hög; många små blad ordnade i fyra rader längs stjälken, ljusröda blommor, sällan helt vita. Blommar augusti–september. Västergötlands landskapsblomma.
LIKNAR: *Lappljung*, se s. 41.
VÄXTPLATSER: Vanlig på torra marker som hedar, skogar och myrar över hela landet.
ANVÄNDNING: I äldre tider användes unga skott till djurfoder, gamla förvedade skott till bränsle. Örtmedicin mot sömnproblem och magkatarr. Blommornas nektar ger den fina ljunghonungen.

Lappljung

KÄNNETECKEN: Fjällväxt på upp till 25 cm; något större och glesare än kråkbär, men blommorna sitter enstaka på långa skaft och har en urnformig, violett krona. Bladen är mörkgröna och lite barrlika. Blommar juni–juli.

LIKNAR: *Kråkbär*, se s. 39, *ljung*, se s. 40.
VÄXTPLATSER: Trivs bäst på fjällhedar över trädgränsen.

VATTENKLÖVER

KÄNNETECKEN: Upp till 30 cm hög vattenväxt med tjock jordstam, tredelade, saftiga blad, vita blommor. Blommar maj–juli.

LIKNAR: Lätt att skilja från andra växter.

VÄXTPLATSER: Vanlig på grunt vatten vid stränder eller kärr över hela landet. En av de få vattenväxter som går över trädgränsen.

ANVÄNDNING: I folkmedicinen mot en mängd sjukdomar, bl.a. mot diarréer och som blodrenande medel. Roten har malts till mjöl i nödtider, men smakar inte särskilt gott.

Strandtrift

KÄNNETECKEN: Upp till 25 cm hög, tunna, gräslika blad som växer i tuvor. De små ljusröda och väldoftande blommorna är samlade i ett runt huvud. Blommar maj–september.
LIKNAR: Lätt att skilja från andra växter.
VÄXTPLATSER: Vanlig på strandängar och klippor, främst utefter kusterna. Odlas.
ANVÄNDNING: Trift har använts inom folkmedicinen bl.a. mot epilepsi, men knappast med någon medicinsk verkan.

ÄKTA FÖRGÄTMIGEJ

KÄNNETECKEN: Upp till 40 cm, späd växt med mycket vackra, små blåa blommor med lite gult i mitten. Hela växten har korta hår. Blommar juni–augusti. Dalslands landskapsblomma.
LIKNAR: Många mycket liknande arter i detta släkte.
VÄXTPLATSER: Vanlig på fuktiga ängar, stränder, i diken och kärr från Skåne till Hälsingland, längre norrut sällsynt. Odlas.
ANVÄNDNING: Enligt en legend kommer namnet från Jesu korsfästelse då en kvinna bad om ett minne. En tår föll då ner på en blomma som förvandlades till ett öga. Har också använts i folkmedicinen för att bota ögonsjukdomar och läka sår.

ÖGONTRÖST

KÄNNETECKEN: Upp till 20 cm hög växt med nästan runda, tandade blad och små vita blommor med mörkare strimmor. Blommar augusti–september.
LIKNAR: *Jordreva*, som har lite större, njurlika och tandade blad på en ganska lång bladstjälk och blåvioletta blommor, flera *veronika*-arter, men de små, tandade bladen skiljer den från de flesta veronika-arterna.
VÄXTPLATSER: Vanlig i skogar, ängar och fjälltrakter över hela landet.
ANVÄNDNING: Namnet kommer från folkmedicinen; använd mot ögonsjukdomar, olika katarrer och som blodstillande medel.

BLÅSUGA

KÄNNETECKEN: Upp till 25 cm hög, hårig och rak stjälk med tätt sittande, äggformiga blad, de översta bladen går över i rött; små blåvioletta blommor i bladfästena längs stjälken. Blommar maj–juni.
LIKNAR: Lätt att skilja från andra växter.
VÄXTPLATSER: Vanlig på torra backar, dikeskanter, slänter och snår från Skåne till Dalarna, längre norrut spridd.
ANVÄNDNING: En gammal läkeväxt som har använts mot gallbesvär, blödningar, hosta och irriterade luftvägar. Den har också brukats för att motverka hjärtklappning och har sårläkande egenskaper.

HAMPDÅN

KÄNNETECKEN: Upp till 80 cm, hårig, upprätt stjälk. Bladen liknar nässelblad, de gula och violetta blommorna sticker ut ur taggiga bägare. Blommar juli–augusti.
LIKNAR: Många arter i denna familj (kransblommiga), men hampdån är den enda med gula blommor.
VÄXTPLATSER: Vanlig i åkrar, längs vägkanter och på hyggen över hela landet.
ANVÄNDNING: Användes förr som signal till att potatisen skulle sättas och kornet sås. Barn använde blomkronan som blåsinstrument.

ÄRENPRIS

KÄNNETECKEN: Upp till 30 cm hög, hårig, krypande stjälk, äggformiga fintandade blad, små blekblå till rödlila blommor i toppen på blomskotten. Blommar juni–augusti.
LIKNAR: Många arter i familjen lejongapsväxter. *Teveronika* (större mörkblåa blommor) och *majveronika* (små blekblåa blommor och ovala blad) är bland de vanligaste.
VÄXTPLATSER: Vanlig i skogar och längs vägkanter i större delen av landet.
ANVÄNDNING: Gammal läkeväxt som användes mot luftvägsinfektioner, inflammerade sår, brännblåsor, njursjukdomar och mot oönskade graviditeter.

TÄTÖRT

KÄNNETECKEN: Upp till 20 cm hög, ljusgröna klibbiga blad samlade i rosett på marken, bladlös stjälk med en ensam blå blomma. Tätörten fångar insekter som fastnar på de klibbiga bladen. Blommar juni–juli.
LIKNAR: *Fjälltätörten* ser likadan ut men har gulvita blommor och är sällsynt.
VÄXTPLATSER: Vanlig på fuktiga ställen över hela landet, även i fjällen.
ANVÄNDNING: Bladslemmet har använts till att laga långmjölk, som håller sig länge.

GROBLAD

KÄNNETECKEN: Upp till 30 cm hög, äggformade blad med 5–9 tydliga nerver i rosett vid marken och tydligt bladskaft, oansenliga blommor i smalt ax. Blommar juni–september.
LIKNAR: *Svartkämpar*, som dock har smala blad, och *rödkämpar*, som har håriga blad.
VÄXTPLATSER: Vanlig längs vägkanter, på betesmarker och vid bebyggelse över hela landet.
ANVÄNDNING: Har sårläkande effekt. Har använts mot såriga fötter, öroninflammationer och tandvärk.

Linnea

KÄNNETECKEN: Upp till 10 cm hög, smal krypande stjälk, små, runda blad som sitter parvis; de klocklika blommorna sitter två och två på ett spätt skaft och har en fin, svag doft. Blommar juni–juli. Smålands landskapsblomma.

LIKNAR: Lätt att skilja från andra växter.
VÄXTPLATSER: Vanlig i fuktiga barrskogar, fjällbjörkskogar över hela landet.
ANVÄNDNING: Gammal medicinalväxt som har använts mot gikt, bältros och andra hudsjukdomar.

LÄKEVÄNDEROT

KÄNNETECKEN: Upp till 140 cm hög, flikiga blad på upprätt stjälk, små ljusröda blommor i skärmliknande blomställning, typisk, lite obehaglig lukt. Blommar juli–augusti.

LIKNAR: Lik *flädervänderoten*, som är vanligare men har något bredare blad och större blommor.

VÄXTPLATSER: Ganska vanlig på ängar, i kärr och diken, Skåne–Uppland.

ANVÄNDNING: Valerianadroppar som utvinns ur läkevänderot används som nervlugnande medicin.

ÅKERVÄDD

KÄNNETECKEN: Upp till 80 cm hög, styvhårig upprätt stjälk med mycket flikiga blad, rödvioletta blommor i en flat korg i toppen av stjälken. Blommar juni–augusti.
LIKNAR: *Ängsvädd,* som har hela och lansettlika blad och blå blommor i halvklotformiga korgar.
VÄXTPLATSER: Vanlig på torra marker, ängar och vägkanter från Skåne till Norrbotten.

Blåklocka, liten blåklocka

KÄNNETECKEN: Upp till 50 cm, klarblå klockor, smal stjälk och nästan trådsmala blad. Blommar juli–september.

LIKNAR: Karakteristisk växt. Andra vanliga arter i familjen klockväxter är *knölklocka*, *hässleklocka* och *stor blåklocka*.

VÄXTPLATSER: Vanlig på ängar, vägkanter, hedar och dyner över hela landet.

ANVÄNDNING: Blåklockan har en viktig plats i kulturen och i medvetandet. En vanlig lek förr var att försöka vränga blomman ut och in utan att den gick sönder. Klarade man det fick man önska sig vad som helst.

Gullris

KÄNNETECKEN: Upp till 60 cm, smala blad längs hela stjälken, gula blomkorgar i toppen. Blommar juli–september.

LIKNAR: Lätt att skilja från andra arter.

VÄXTPLATSER: Vanlig i skogar, skogsbryn, längs vägkanter och på hedar över hela landet.

ANVÄNDNING: Gullris innehåller ämnen som påverkar njurarna, vilket är väl känt inom örtmedicinen. Har förr även använts som medel mot tandvärk, gulsot, sår och gikt. Betas inte av djur, eftersom växten innehåller bitterämnen och är svagt giftig.

KATTFOT

KÄNNETECKEN: Upp till 20 cm, filthårig växt med bladrosett och några blad längs stjälken. Han- och honblommor sitter på olika plantor. Hanblomman är vit och honblomman rosa. Blommar maj–juli.

LIKNAR: *Skogsnoppa*, som är större och har längre och spetsigare blad längs hela stjälken och små bruna blommor.

VÄXTPLATSER: Vanlig på torra marker över hela landet.

ANVÄNDNING: Vanlig i folkmedicinen främst mot utslag och olika hudsjukdomar.

RÖLLIKA

KÄNNETECKEN:
Upp till 60 cm hög stjälk med spridda blad, som är kraftigt flikade och avlånga, små vita blommor i korg i toppen, speciell lukt. Blommar juni–oktober.

LIKNAR: *Nysört*, som har smala, hela blad och större blommor.

VÄXTPLATSER:
Vanlig på ängar, betesmarker och vid bebyggelse över hela landet.

ANVÄNDNING:
Betraktas som mirakelväxt inom örtmedicinen och används till nästan allt, främst sårläkning.

Prästkrage

KÄNNETECKEN: Upp till 70 cm, små, tandade blad längs stjälken, stor vit och gul blomma i toppen. Blommar juni–augusti. Skånes landskapsblomma.

LIKNAR: *Baldersbrå*, som har flikade, trådlika blad, och *färgkulla*, som har kraftigt flikade blad och vars hela blomma är gul.

VÄXTPLATSER: Vanlig på åkrar, vägkanter och gläntor och vid bebyggelse över hela landet.

ANVÄNDNING: I örtmedicinen för att bota kikhosta och astma. De vita strålblommorna plockas en och en för att spå både lycka och olycka.

Renfana

KÄNNETECKEN: Upp till 100 cm, upprätt stjälk med flikiga blad, små gula blommor i toppen, karakteristisk doft. Blommar juli–september.
LIKNAR: Lätt att skilja från andra växter.
VÄXTPLATSER: Vanlig vid bebyggelse, längs vägkanter och på strandvallar över hela landet.
ANVÄNDNING: Den starka lukten håller insekter och ohyra på avstånd. I folkmedicinen använd för att bekämpa inälvsmask, gikt och svullnader. Garn färgas grönt med roten, gulgrönt med bladen och gulorange med blommorna.

GRÅBO

KÄNNETECKEN: Upp till 100 cm, upprätt rödbrun stjälk, kraftigt flikade blad längs stjälken, bladen har grön översida och grå undersida, små gråbruna blommor i korgar, speciell doft.
LIKNAR: *Svinmålla* (se s. 12), som dock är mindre, och *malört*.
VÄXTPLATSER: Vanlig längs vägkanter, havsstränder och dikeskanter, i åkrar och kulturmarker i hela landet; mindre vanlig i Norrlands inland.
ANVÄNDNING: Gråbo har lång tradition som medicinalväxt och användes för att underlätta förlossningen och driva ut efterbörden både hos människor och hos djur. Bladen har använts till te vid trötthet och matsmältningsbesvär samt mot epilepsi.

Hästhov, tussilago

KÄNNETECKEN: Upp till 20 cm rödbrun stjälk med små fjällika blad, gul blomma, stora sommarblad med en form som kantiga hästhovar. Blommar mars–maj.
LIKNAR: Liknar ingen annan växt.
VÄXTPLATSER: Vanlig på vägslänter, längs åkrar, på stränder och vid bebyggelse över större delen av landet.
ANVÄNDNING: Röktes tidigare som tobak. Örtmedicin mot luftvägsinfektioner. Vid färgning av garn ger den grågröna eller gulbruna färger.

Maskros

KÄNNETECKEN: Upp till 50 cm; rosett av långa, grovt flikade blad vid marken, gula blommor på långa skaft. Blommar april–oktober.
LIKNAR: *Fibblor*, som har gula, mindre blommor och blad längs stjälken.
VÄXTPLATSER: Vanlig på ängar, betesmarker, åkrar, vid bebyggelse över hela landet.

ANVÄNDNING: Kaffeersättning, grönsak och vintillverkning. I örtmedicinen använd mot lever- och gallbesvär, ögonsjukdomar, magbesvär och högt blodtryck.

VÄGTISTEL

KÄNNETECKEN: Upp till 120 cm, grov upprätt stjälk med taggiga vingkanter, bladen har ljusa taggar, matt grågrön översida och ljus undersida, rödvioletta blommor. Blommar juli–september.

LIKNAR: *Åkertistel*, vars stjälk saknar taggiga vingkanter och vars rödvioletta blommor är mindre, och *kardborrar*, som har äggformade blad och små röda blommor på stora, taggiga korgar.

VÄXTPLATSER: Vanlig vid vägkanter, strandängar och vid bebyggelse från Skåne till Norrbotten.

Höstfibbla

KÄNNETECKEN: Upp till 40 cm, upprätt kal stjälk med en rosett av flikiga blad vid marken, förgrenad topp med flera gula blomkorgar. Blommar juli–oktober.
LIKNAR: *Klasefibbla*, som har lansettlika blad längs stjälken, och *slåtterfibbla*, vars blad är hela och har mörka fläckar.
VÄXTPLATSER: Vanlig längs vägkanter, på betesmarker, ängar och stränder och vid bebyggelse över hela landet.